W0244786

EVROPA

EVA REDEN

Herausgegeben von Sabine Groenewold

Band 3

GABRIELE D'ANNUNZIO

Rede von der Tribüne des Kapitols
am 17. Mai 1915

Mit einem Essay von
GASTON SALVATORE

Europäische Verlagsanstalt

Die Rede: Kunst
der öffentlichen Einmischung und
gesellschaftlichen Willensbildung. Kunstform,
in der Pathos und Vernunft, Leidenschaft und Gewalt,
Freiheit und Abhängigkeit eine beunruhigende
und ideale Verbindung eingehen, in der Innen
und Außen, Überzeugung und Überredung
zur Einheit gebracht sind und
Wandel bewirken.

INHALT

Rede von der Tribüne des Kapitols am 17. Mai 1915

> Wecke die Schlafenden und verkünde den Erwachten:
> »Die Tage sind nahe. Wir ziehen in den hohen Krieg!«
>
> *Delle Laudi Lib. II.*

Römer, gestern gabt ihr der Welt ein erhabenes Schauspiel. Euer gewaltiger und geordneter Zug war getreues Abbild der antiken feierlichen Aufzüge, die sich hier im Tempel des Jupiter Maximus sammelten und die berühmten Statuen auf Wagen über den kapitolinischen Hügel geleiteten. Jeder Weg, über den solche Macht und Würde zogen, war eine Via Sacra. Ihr nun gabt dem Idealbild unserer Großen Mutter, getragen auf unsichtbaren Wagen, das Geleit.

Gelobt seien die römischen Mütter, die ich gestern bei der Prozession der feierlichen Weihe ihre Söhne auf den Armen tragen sah! Gelobt seien jene, denen schon der fromme Mut, das Licht des stillen Opfers, das Zeichen der Hingabe an eine Liebe, größer als die Mutterliebe, auf der Stirn geschrieben stand!

Wahrlich, ein erhabenes Schauspiel. Aber unsere

Wacht ist noch nicht beendet. Wir hören nicht auf zu wachen. Wir lassen uns weder täuschen noch überraschen. Ich sage euch: die Bande der Verräter gibt nicht auf.

Doch anspornende Worte sind nicht mehr vonnöten, da selbst die Steine schreien, da das Volk Roms bereit war, Pflastersteine zur Steinigung aus dem Pflaster zu reißen, auf dem die Pferde scharren, die – statt auf den Straßen Istriens vorwärts zu stürmen – durch Schande erniedrigt die Schlupfwinkel der infamen Unholde verteidigen müssen, die Häuser der Verräter, aus denen, so übel gemästet, Angst quillt, bestialische Angst.

Welche Qualen müssen unsere jungen Soldaten gelitten haben! Und welche Disziplin, welche Entsagung bewiesen sie, als sie gegen den gerechten Volkszorn jene verteidigten, die sie anschwärzen, die sie verleumden, die sie vor den Brüdern und vor den Feinden zu erniedrigen suchen!

Laßt uns rufen: »Es lebe die Armee!« Das ist der Ruf der Stunde.

Unter den vielen Feigheiten der Kanaille Giolittis[1] ist die widerlichste: die gemeine Verleumdung unserer Waffen, der nationalen Verteidigung. Bis zum gestrigen Tag haben jene ungestraft Mißtrauen, Argwohn und Verachtung gegen unsere Soldaten säen können, gegen unsere schönen, guten, starken, großmütigen, unsere kühnen Soldaten, gegen die Blüte des Volkes, gegen die Helden von morgen.

Mit welcher Beherztheit steckten sie die Bajonette auf, um das Volk zurückzudrängen, das nichts anderes wollte, als sie zu rächen!

Aus brüderlichem Mitleid mit ihrer Trauer, aus Erbarmen mit ihrer unverdienten Erniedrigung laßt sie uns nicht allzu hart auf die Probe stellen. Verzichten wir heute auf Gewalt. Warten wir. Halten wir noch einmal Wache.

Vorgestern, als ich vom Besuche beim Ministerpräsidenten kam, der nun doch noch im Amte ist (zu unserem Glück, zum öffentlichen Wohle, den Nimmersatten und Betrügern zum Spott)[2], welche Hoffnung welch reine Glut las ich da in den Augen der jungen Wachsoldaten!

Ein blutjunger Offizier, höflich und kühn, wie Goffredo Mameli[3] es gewesen sein muß, trat auf mich zu und reichte mir schweigend zwei Blumen und ein Blatt: ein grünes Blatt, eine weiße Blume, eine rote Blume.

Nie hat eine Geste mehr Grazie, mehr einfache Größe bewiesen. Das Herz sprang mir vor Freude und Dankbarkeit. Jene Blumen werde ich bewahren als wertvollstes Pfand. Ich werde sie bewahren für mich und für euch, für die Poesie und für das Volk Italiens. Grün, weiß und rot! Dreifacher Glanz unseres Frühlings!

Laßt alle Fahnen flattern, stimmt ein in den Ruf!

»Es lebe das Heer!«

»Es lebe das Heer des Großen Italiens!«

»Es lebe das Heer der Befreiung!«

Vor fünfundfünfzig Jahren zu dieser Stunde zogen die Tausend aus Calatafimi[4] ab, nachdem sie es erstürmt und für alle Zeiten verewigt hatten durch ihr Blut, welches heute aufwallt wie das der ersten Märtyrer; und trunken von der Schönheit des Todes, machten sie sich auf den Weg nach Palermo.

Die Tageslosung für die garibaldinischen Kompanien, die vor dem Marsch verlesen wurde, lautete: »Soldaten der italienischen Freiheit, mit Kameraden wie euch kann ich alles wagen.«

Oh meine bewundernswerten Kameraden, jeder gute Bürger ist heute ein Soldat der italienischen Freiheit. Für euch und mit euch haben wir gesiegt. Mit euch und für euch haben wir den Verrätern das Handwerk gelegt.

So höret! Das Verbrechen des Verrats wurde geklärt, bewiesen und verurteilt. Die schändlichen Namen sind bekannt. Bestrafung tut not.

Laßt euch nicht täuschen, laßt euch nicht betrügen, laßt euch nicht mitleidig stimmen. Eine solche Rotte hat kein Gewissen, kennt keine Reue, keine Scham. Wer vermöchte ein Tier, das gewohnt ist, sich im Dreck zu wälzen und aus dem Trog zu fressen, von dieser Gewohnheit und dem Gefallen daran abzubringen?

Am 20. Mai, bei der Versammlung zur Feier unserer Einheit, dürfen wir die schamlose Anwesenheit jener nicht dulden, die über Monate hinweg den

Ausverkauf Italiens mit dem Feind verhandelt haben. Wir dürfen nicht zulassen, daß sie, im Trikolore-Rock verkleidete Possenreißer, mit ihren unreinen Kehlen daherkommen und den heiligen Namen schreien.

Macht eure schwarze Liste, erbarmungslos. Ihr habt das Recht, ihr habt sogar die bürgerliche Pflicht dazu. Wer hat in diesen dunklen Tagen Italien gerettet, wenn nicht ihr, das wahre Volk, wenn nicht das echte Volk?

Denkt daran! Jene können sich der Bestrafung nicht anders entziehen als durch Flucht.

Nun gut, lassen wir sie fliehen. Dies sei die einzige Nachsicht, die wir uns erlauben.

War nicht auch heute früh in einer Villa auf dem Pincio[5], der nunmehr die Beschlagnahme bevorsteht, jemand darauf bedacht, die Fäden wieder aufzunehmen, die dort die große deutsche Spinne im kühlen Rosengarten zu knüpfen gewagt hatte?

Wir haben niemals auch nur für einen Moment geglaubt, daß ein von Herrn Bülow gebildetes Ministerium[6] die Billigung oder gar die Unterstützung des Königs finden könnte.

Um vieles dunklere Tage hätten das Vaterland heimgesucht als jene, welche auf den Waffenstillstand Salascos[7] folgten.

Der König Italiens hat in seinem großen Herzen erneut die Mahnung von Camillo Cavour gehört: »Die Stunde der Entscheidung hat für die savoyische Monarchie geschlagen.«[8]

Ja, sie hat geschlagen, Römer, hoch oben im Himmel, in dem Himmel, der über eurem Pantheon steht, der über diesem ewigen Kapitol, oh Römer, steht.

Öffne unseren Tugenden
die Tore der künftigen Reiche,

sang ihm ein italienischer Poet, als er, dem Tode geweiht, König im Meere war. Dies ruft ihm heute nicht der einsame Poet zu, sondern das ganze Volk, bewußt und bereit.

Römer, Italiener, laßt uns alle Fahnen hissen, laßt uns vertrauensvoll wachen, standhaft ausharren.

Hier, wo das Volk unter freiem Himmel seine Konzile hielt, wo jede Erweiterung des Imperiums ihre offizielle Weihe erhielt, wo die Konsuln die Aushebung und den militärischen Schwur vornahmen; hier an diesem Orte, von wo die Magistrate ausströmten, die Heere zu führen, die Provinzen zu beherrschen; hier, wo am Tempel der Fides Germanicus die Trophäen seiner Siege über die Germanen emporhob und der Sieger Oktavian die Unterwerfung des gesamten Mittelmeeres unter Rom verkündete, von diesem Nabel des Triumphs aus bieten wir uns selbst dem Vaterland dar, feiern wir das freiwillige Opfer, greifen wir die Verheißung auf und rufen:

»Es lebe unser Krieg!«

»Es lebe Rom! Es lebe Italien!«

»Es lebe die Armee!«

»Es lebe die Seestreitmacht!«

»Es lebe der König!«

»Ruhm und Sieg!«

Auf jeden Hochruf antwortet das Volk von den Stufen, vom Platz, von den Straßen einmütig mit unendlichem Beifall. Da der Degen von Nino Bixio[9] auf die Tribüne gebracht worden ist, nimmt es der Redner, zeigt es dem Volke, zieht es aus der Scheide und setzt hinzu:

Dieser Degen von Nino Bixio, des »Zweiten der Tausend«, stets des Ersten unter allen Kämpfern, dieser schöne Degen, den ein Stifter und Erbe der Helden dem Kapitol schenkt, oh Römer, ist ein schreckliches Pfand.

Seht ihn zu Pferde, draußen vor der Porta San Pancrazio, den eisernen Legionär der Belagerung, der den feindlichen Kapitän an der Gurgel gepackt hält, ihn als Opfer mitten in dessen eigenes Bataillon zerrt und dabei mit lauter Stimme zur Kapitulation aufruft und allein, ganz allein, dreihundert Mann gefangennimmt! Adlerklaue, Seele, durch eure Horaze geschmiedet und geprägt, kühne Seeräuber Liguriens, gewöhnt, zu erobern, als Held geboren, wie man als Prinz geboren wird: italienisches Beispiel für die Italiener, die zu den Waffen greifen.

Ich wage es und küsse für euch die eingravierten Siegesnamen auf dieser Klinge.

Neuer gewaltiger Beifall steigt in den von Son-
nenuntergang entflammten Himmel. Der Schrei
»Krieg! Krieg!« übertönt jeden anderen Lärm.

Läutet die Glocke! Heute gehört das Kapitol
euch wie damals vor achthundert Jahren, als das
Volk sich selbst zum Herrn machte und hier das
Parlament gründete. Oh Römer, dies ist das wahre
Parlament. Von euch wird heute hier der Krieg
beschlossen und verkündet. Läutet die Glocke!

Der Tumult wächst. Einige kühne Bürger drin-
gen in den Turm ein und läuten Sturm.
Das ganze Volk bejubelt unter
dem Dröhnen der Glocken
den Krieg.

[1] Giovanni Giolitti (1842–1928), von 1903–1914 mit Unterbre-
chungen Ministerpräsident Italiens. Er warnt im Ersten Weltkrieg
vor dem Eintritt Italiens in einen Krieg, dem das Land militärisch
und ökonomisch nicht gewachsen sei. Im Mai 1915 steht er an der
Spitze der für den Friedenserhalt plädierenden Parlamentarier.

[2] Antonio Salandra (1853–1931) vertritt als Ministerpräsident von
1914–1916 eine nationalistisch geprägte Politik und führt 1915 den
Anschluß Italiens an die Aliierten herbei. Im Zuge einer Regierungs-
krise bezüglich der Kriegsentscheidung (König, Ministerpräsident
und Außenminister für den Krieg, die Mehrheit im Parlament dage-
gen) tritt Salandra zurück, um kurz darauf, nachdem Giolitti eine
erneute Machtübernahme abgelehnt hat, vom König zum Verbleib
im Amt aufgefordert zu werden. Am 20. Mai erhält er daraufhin vom
Parlament die Vollmachten für den Kriegseintritt, und am 23. Mai
erklärt Italien Österreich den Krieg.

[3] Goffredo Mameli (1827–1849), italienischer Soldat und Dichter, der die patriotische Hymne »Fratelli d'Italia« dichtete und im Kampf um Rom als Freischärler unter Garibaldi fiel.

[4] Calatafimi, kleiner Ort in Sizilien, wo die garibaldinischen Truppen ihren ersten Sieg gegen die Bourbonen feierten, um dann weiter nach Palermo vorzurücken.

Giuseppe Garibaldi (1807–1882), sei 1859 Führer eines Alpenjägerkorps, unternahm 1860 mit Cavours Unterstützung den »Zug der Tausend« nach Sizilien: In kurzer Zeit eroberte er die ganze Insel, setzte nach dem Festland über und stürzte mit den von Norden anrückenden Piemontesen auch hier die Bourbonenherrschaft. Damit war der Grundstein für die Einigung Italiens 1861 gelegt.

[5] Gemeint ist die Villa Malta, die seit 1907 im Besitz des Fürsten von Bülow war. Bülow lebte hier als Botschafter bis zum 24. Mai 1915.

[6] Gemeint ist eine Regierung, an deren Spitze Giolitti gestanden hätte und nicht Bülow.

Der ehemalige deutsche Reichskanzler Bülow hatte schon im Dezember 1914 und dann wieder im Mai 1915 als Gesandter der Deutschen in Rom den Italienern Angebote bezüglich des lange schwelenden italienisch-österreichischen Gebietskonfliktes gemacht, die einen Kriegseintritt Italiens gegen Deutschland und Österreich-Ungarn verhindern sollten. In dieser Frage war er mit Giolitti einig. Der Vermittlungsversuch wurde dann in der italienischen Presse als Verschwörung dargestellt.

[7] Waffenstillstand zwischen Österreich und Piemont, geschlossen am 9. August 1848 in Vigevano, genannt nach dem General Ganera di Salasco, der im Namen von Carlo Alberto, König von Sardinien, unterschrieb.

[8] Camillo Cavour (1810–1861), seit 1847 Mitherausgeber der Zeitung ›Risorgimento‹ für die Einheit Italiens, schreibt 1848 den Artikel »L'ora suprema della monarchia sabauda« (»Die Stunde der Entscheidung für die savoyische Monarchie«), worin er die savoyische Monarchie auffordert, den Österreichern den Krieg zu erklären. Seit

1852 ist er Ministerpräsident des Königreiches Sardinien. 1861 ernennt er den König Sardiniens Viktor Emanuel II. zum König Italiens.

[9] Nino Bixio (1821–1873), italienischer Patriot, der sich 1859 Garibaldi anschloß, 1860 General wurde und zu einem von Garibaldis wichtigsten Mitstreitern im Kampf um die Einigung Italiens wurde.

Aus dem Italienischen übersetzt und mit Anmerkungen versehen von Judith Elze.

GASTON SALVATORE

D'Annunzio

I Die Kunst der Nachahmung und Wiedergabe

Als Gabriele d'Annunzio am 3. Mai 1915 Paris mit dem Nachtzug nach Genua verläßt, stehen die deutschen Truppen vor der französischen Hauptstadt.

Aber der Dichter kehrt nicht aus Angst in seine Heimat zurück.

Nach den Schüssen von Sarajewo hat Kaiser Franz Joseph Serbien den Krieg erklärt und der »Belle Epoque« ein Ende gesetzt. Italien ist von seinem Verbündeten Österreich darüber nicht einmal informiert worden. Die italienische Regierung hat daraufhin das Bündnis mit der Donaumonarchie gelöst. Italien betrachtet sich als neutral.

Aber d'Annunzios Nachtfahrt über die französische Grenze ist keine Flucht in die Sicherheit seines noch friedlichen Landes.

Fünf lange Jahre ist er Italien ferngeblieben. In seiner Villa in Arcachon hat er fleißig sein monumentales Werk fortgesetzt und mit seiner Freundin Daniela de Goloubeff Windhunde gezüchtet. In Paris ist er der Liebling von Künstlern, Musikern und Literaten geworden. Die französische Hauptstadt bestimmt noch, wer in der kulturellen Welt zählt. D'Annunzio hat es geschafft. Sein »Martyre de Saint Sébastien«, eine Zusammenarbeit mit Claude Debussy, erlebt am 22. Mai 1911 im Châtelet eine Triumph. Das ist nur der Anfang seines französischen Eroberungszuges. Trotzdem hat der Dichter in der Verbannung gelebt. Er ist nicht freiwillig von Rom nach Paris gezogen. Politik spielt dabei keine Rolle. Seine italienischen Schulden haben ihn zur Flucht gezwungen. Auch in Frankreich haben sich Jahr um Jahr die Schulden angehäuft. D'Annunzio verdient gut, aber er lebt maßlos über seine Verhältnisse. Kurz nach der Abreise nach Italien wird die Villa in Arcachon versteigert, und die Geliebte Daniela de Goloubeff bleibt mit den Windhunden in Armut zurück.

Es sind jedoch auch nicht die Schulden, die den sagenumgebenen Dichter der italienischen Dekadenz in seinem Schlafabteil während der Fahrt nach Genua wachhalten.

Über Nacht hat Gabriele d'Annunzio beschlossen, ein Held zu werden. Der Dichter fährt nach Italien zurück, aber auch in den Großen Krieg.

Er weiß noch nicht, daß die italienische Regierung am 26. August in London den Kriegseintritt an der Seite Englands und Frankreichs vereinbart hat. Er will sein Ganzes tun, damit Italien die »feige«

Neutralität aufgibt und endgültig eine große Nation wird. Er hat vor, sein Leben dem italienischen nationalen Befreiungskrieg zu widmen. Mit zweiundfünfzig Jahren sieht sich d'Annunzio nun als Soldat. Es handelt sich um eine überraschende Wende. Zwar ist der Dichter 1897 in den Reihen der Konservativen ins Parlament gewählt worden, aber seine politische Laufbahn ist kurz und befremdend: Sie stellt niemand, nicht einmal seine rechten Anhänger aus der Oberschicht, zufrieden. D'Annunzios Parlamentsreden hören sich sonderbar messianisch an. Er schöpft sie aus seinen patriotischen militärischen Oden. Noch ist der Anachronismus, der sich darin ausdrückt, keine europäische Mode. Daß sie nicht nur die Launen eines weltfremden Intellektuellen darstellen, sondern moderne Prophezeiungen sind, die sich bald verwirklichen sollen, merken die wenigsten seiner Parlamentskollegen. Der Abgeordnete Gabriele d'Annunzio entwirft das Bild von einer Großmacht Italien. Er schwärmt von der Wiedergeburt des Antiken Rom. Rom muß wiedererwachen. Sein Lob gilt der Kriegsmarine, die zunächst Istrien und die Adriaküste befreien, später aber das ganze Mittelmeer zusammen mit Frankreich wieder in ein »mare nostrum« verwandeln soll. Sonst ist der Dichter, wie es sich für einen konservativen Abgeordneten gehört, ein militanter Gegner der neuen Sozialisten. Er ist Individualist. Er weiß auch, daß sich sein heterogenes Volk mit ihm in dieser Wahl einig ist. Seine Vision vom Bauernleben hat weniger mit der Verteidigung des Privateigentums auf dem Land zu tun, als mit seiner schwülstigen Liebe für die kargen, soliden, gesunden Sitten, die seiner Meinung nach bei den Bauern herrschen sollen. Der Intellektuelle bricht eine Lanze für die »Bauernkultur«. In der italienischen Literatur ist die angebliche heile Welt auf dem Land eine beharrliche Einstellung. Aber diese »Kultur« findet nur in der Dichtung statt. Gabriele d'Annunzio ist ein guter Reiter. Er ist immer schnell mit seinen vielen Hunden an den Bauernhäusern vorbeigeritten. Die Bauern sind für ihn in Wirklichkeit nur Spielfiguren in einer idyllischen italienischen Landschaft.

Er ist im Süden auf dem Land, in Pescara, geboren. Er hat seine Kindheit in der kleinen Hafenstadt an der Adria verbracht. Doch d'Annunzio beschäftigt sich kaum mit den Lebensbedingungen seiner bäuerlichen Landsleute. Er gehört zur mittleren Landbesitzerschicht und diese ist ihm zu eng. Er will nach oben, in den künstlerischen Olymp.

Die Enttäuschung über das graue Dasein eines Hinterbänklers wächst. Die Bank des Dichters im Parlament bleibt oft leer. Der Sonderling ist unzufrieden. Er bringt es so weit, daß er 1900 bei einer der üblichen Parlamentsdebatten demonstrativ zu den Sitzen der Sozialisten überwechselt. Im selben Jahr kandidiert er auf ihren Listen. Aber er scheitert. Zwei Tage später wird er einem Journalisten gegenüber äußern: »Der Sozialismus ist in Italien eine Absurdität. Bei uns gibt es nur einen politischen Weg, zerstören.« Er dementiert, aber es ist das Ende seines ersten Versuchs auf der politischen Bühne.

»Eines Tages werde ich auf die Straße gehen«, hat d'Annunzio damals noch behauptet.

Der Nachtzug nähert sich Genua. Er ist dabei, seine politische Prahlerei in die Tat umzusetzen. Noch gestern war die Kunst für ihn der höchste Ausdruck des menschlichen Lebens. Nun ist es der Krieg.

Gabriele d'Annunzio ist in Italien der wichtigste Dichter der Dekadenz. Thomas Mann wird ihn später den »Affen Wagners« nennen. Der große deutsche Romanschriftsteller irrt sich. D'Annunzio äfft nicht nur Wagner nach. Er gehört einer Kultur an, die immer noch, bis heute, von der Nachahmung lebt. Italien ist das Land der »Sottomarca«, der Submarke. Kleine Fabriken bieten Imitationen von Ersatzteilen ausländischer Wagen zum halben Preis an. Sie liefern genaue Kopien der deutschen Sportschuhe von Puma, die sogar die deutsche Marke tragen. Die Koffer und Taschen von Louis Vuitton aus italienischer Produktion werden von Schwarzen an jeder Straßenecke angeboten; sie bedrohen die Existenz des weltberühmten französischen Unternehmers. Daß der Maler Emilio Vedova als Fortsetzer Jackson Pollocks Weltruhm erreicht, ist nur ein Beispiel für diese allumfassende italienische Grundhaltung.

D'Annunzio kann Englisch und Französisch. Als Kind hat er die Klassiker in Latein verschlungen. Er liest Shakespeare und Racine. Er rezipiert Tolstois Lebensphilosophie. Aber das hindert ihn nicht daran, sich auf die Seite Nietzsches zu schlagen, sobald er, in französischer Übersetzung, von der Polemik des deutschen Denkers gegen »das Mitleid der Russen« erfährt. Nietzsche prägt den italienischen Schriftsteller endgültig. Als dieser sich von Wagner distanziert, nimmt auch d'Annunzio dem deutschen Komponisten gegenüber eine kritische Haltung ein. »Wir wollen hören auf die Stimme des großen Zarathustra«, schreibt er einem Künstlerfreund in einer Widmung, »und in unserer Kunst mit unerschütterlichem Glauben die Ankunft des Übermenschen vorbereiten«. Obwohl d'Annunzio später behaupten wird, Nietzsches Ideen poetisch vorweggenommen zu haben und ihm nichts schuldig zu sein, sind seine Romanhelden von der elitären Radikalität, der massenverachtenden Emphase und der vermeintlichen moralischen Gleichgültigkeit des deutschen Philosophen beseelt.

Aber die Helden in d'Annunzios Romanen sind auch Selbstbildnisse ihres Schöpfers. Seine Romane sind eine Art »work in progress«. Die Helden sind immer Adelige oder Künstler, jedenfalls verkehren sie in den höchsten Gesellschaftskreisen. Sie sind ausnahmslos in unmögliche oder verbotene Liebesaffären verstrickt. Nachdem die Leidenschaft, oft handelt es sich um Inzest, bis an ihre sinnlichen Grenzen durchlebt wurde, enden die Geschichten mit der Erlösung des Helden aus der sündhaften Liebe. Entweder sterben die Geliebten tragisch oder sie retten sich in den Wahnsinn. Viele von d'Annunzios Freundinnen enden nach ihrer Affäre mit dem Künstler in der Heilanstalt.

Die italienische Dekadenz d'Annunzios ist ebenso ungewollt wie zwangsläufig, zutiefst katholisch. Auch wenn der Dichter in seinen Romanen nicht die »Ich«-Form gebraucht, handelt es sich doch immer um einen endlosen inneren Monolog des Romanhelden. Der Diskurs beschränkt sich keineswegs auf moralische oder ästhetische Beobachtungen. Wie ein Journalist beschreibt der Dichter seitenlang Gemälde, Maschinen und Wohnungseinrichtungen. Dafür vernachlässigt er oft die Romanhandlung. Zu seiner Zeit ahmt die schwarze römische Aristokratie die Lebensweise und die Vorlieben der Präraffaeliten nach.

Chinoiserien und bric à brac sind Mode, »Roma Bizantina« heißt es bei den Römern. Von Byzanz hält d'Annunzio freilich nichts. Unermüdlich registriert er diese Einzelheiten, als hätte er vor, einen umfassenden Katalog anzufertigen.

In diesem Zusammenhang drängt sich die Frage

auf, ob der Erfolgsautor wirklich ein Dekadent und nicht eher ein italienischer Vertreter des ihm verhaßten französischen Naturalismus war. Rom bekleidete erst seit einem Jahrzehnt die Rolle einer Hauptstadt. Eine echte Bourgeoisie gab es in Italien zu jener Zeit nicht. Kulturell ist Rom eine französische Kolonie. Die neue Hauptstadt ahmt Paris nach. D'Annunzio ist kein Erfinder. Er importiert. Als Journalist für die neapolitanische Zeitung »Il-Mattino« und später für den Mailänder »Corriere della Sera« übersetzt er oft die unterschiedlichsten Pariser Zeitungsartikel und läßt sie mit wenigen Änderungen als seine eigenen veröffentlichen. Der Verleger Treves wird einmal seinen Autor d'Annunzio darauf aufmerksam machen müssen, daß in einem eingesandten Romanmanuskript ganze Seiten Tolstoi enthalten sind. Die römische Gesellschaft aber, die selbst ein Plagiat ist, kann und will das nicht bemerken. Es ist daher nicht verwunderlich, daß sie sich Gabriele d'Annunzio als »Arbiter Elegantiorum« wählt. Und zum ersten Mal nach langer schwarzer päpstlicher Abstinenz gönnt d'Annunzio den katholischen römischen Damen in seinen Romanen sexuelle Erfahrungen.

In dem frühen Roman »Il Piacere« verkündet der Held d'Annunzios Lebensmaxime, die von seinem Vater stammen soll: »Man muß aus dem eigenen Leben ein Kunstwerk machen.«

Aus dem Zugfenster sieht der Dichter die Landschaft Liguriens, die vor seinen Augen verschwindet, um ihn endlich zur Vervollkommnung seiner Lebensaufgabe zu machen. Die Zeit der Worte ist vorbei. Nun müssen Taten folgen. Aber d'Annunzios erste Tat wird wieder nur eine Rede sein.

Die Stadt Genua weiht am 5. Mai in Quarto ein Denkmal für die Garibaldianer ein. Garibaldi ist 1860 von Quarto abgefahren, um im Süden die Einigung Italiens zu erkämpfen. Dort, in der Nähe von Genua, hält d'Annunzio nach langer Zeit wieder seine alte patriotische Rede. Die lange Abwesenheit hat das Gespür des Dichters für die Stimmung seines heimatlichen Publikums nicht getrübt. Der Boden ist reif für seine Kriegstiraden. Die Linken und die Rechten in Italien wollen den Krieg. Seine Worte kommen an. Jetzt aber sind seine Zuschauer nicht mehr die Künstler und die Damen der besseren Kreise Roms oder Mailands. Wahrscheinlich hat fast keiner seiner neuen Zuhörer jemals eine seiner »Ode Navali« gelesen, in denen er die Kriegsmarine besingt, geschweige denn einen der Romane. Die Massen, die früher nur seine Verachtung verdient haben, hören sich die langen Zitate aus seinen Erzählwerken und Gedichtsammlungen begeistert an. Das Volk unterbricht ihn nur, um Zustimmung laut werden zu lassen. »Es lebe der Krieg!« »Es lebe der gerechte Krieg!« »Es lebe Großitalien!« Und der Dichter erwidert die Liebe seines Volkes. Gabriele d'Annunzio, nun ein ganzer

Volksheld, spiegelt sich in den Augen der Anbeter Garibaldis, die jetzt die seinen geworden sind.

Der Zug fährt weiter. D'Annunzios Ziel ist Rom. Es wird eine lange Fahrt. Auf jedem Bahnhof wartet die Menge, die unbedingt ihren Dichter feiern will.

Der Stil seiner Reden verändert sich. D'Annunzio paßt sich den Massen an. Die Selbstzitate verschwinden allmählich. Seine Worte werden blutrünstig. Er ergötzt sich an Todesbildern. Er spricht von der Schönheit des Heldentodes, vom »Schweigen der unzählbaren toten Helden«, deren Aufopferung noch Ungeborene erben werden, von Soldaten, die »trunken vom schönen Tod« in die Schlacht ziehen.

Italien soll aus der Erniedrigung erwachen. Das Land muß aufhören, ein Ziel für Touristen aus dem Norden zu sein, die nur auf der Suche nach vergangener Schönheit, Sonne oder Mandolinen sind. Großitalien wird ein Vorbild für alle anderen Länder sein. Die Zeit der Jahrhunderte langen Knechtschaft sei endgültig vorbei. Garibaldi, den er »Duce« nennt, habe den Befreiungskrieg begonnen. Italiens Soldaten werden die Freiheit besiegeln, aber auch die Ausdehnung des Landes erkämpfen. Die alten Worte aus der Zeit seines Parlamentsmandats nimmt er wieder in den Mund. D'Annunzio wird nicht mehr als Sonderling belächelt. Die Massen fühlen sich von »ihrem« Dichter verstanden.

Während d'Annunzio seine langsame Zugfahrt

nach Rom fortsetzt, füllen sich seine Reden auch mit volkstümlichen, robusten Ausdrücken. Der Dichter scheint vor nichts zurückzuschrecken. Er ruft, die Verräter an der italienischen Regierung, die sich an die teutonischen Feinde verkauft haben, seien dreckige Schweine. »Warum Perlen vor die Säue werfen?« Ihr Verwesungsgestank sei unerträglich. Jede Form von Gewalt, auch die gnadenloseste, sei gegen sie willkommen.

Wie er einst die Dekadenz der vornehmen Römer widergespiegelt hat, so versteht d'Annunzio es jetzt, den gerechten Zorn des Volkes über die elenden Lebensbedingungen in den Städten, die Angst vor der wachsenden Arbeitslosigkeit, die Ohnmacht gegenüber der sekularen Willkür der Herrschenden, Gefühle, die sich mit den Jahren tiefer und tiefer in jedem Zuhörer festgesetzt haben, mit seiner immer hemmungsloser werdenden Kriegshetze in einen riesigen, einzigen Haß auf den deutschen Feind umzuwandeln. Der plötzliche Demagoge ist sich der ungeheueren Kraft bewußt, die er bei diesen Verzweifelten entfesseln kann. Der Redner berauscht sich an seinen eigenen Worten. Die Kriegsbegeisterung ist die Vorwegnahme der nationalen Wiedergeburt Italiens. Die Entschlossenheit zum vaterländischen Krieg wird die Unterschiede zwischen den Völkern, die in dem vor kurzem vereinten Land bestehen, wegwischen. Der Dichter sieht sich als Geburtshelfer einer großen Nation.

Der Volksjubel verzögert seine Ankunft in Rom. Der schnelle Erfolg überrascht d'Annunzio nicht; dazu ist er zu unbescheiden. Er ist nicht fähig zu erkennen, daß Italien als vereintes Volk, als Nation, die Erfindung einer nachgeahmten Bourgeoisie ist. Der Dichter glaubt nur an sich selbst. Alles, was ihm geschieht, ist von magischer Bedeutung. Der kleinwüchsige Mann zweifelt nicht daran, daß er ein Erlöser, ein Halbgott ist. Er versucht nicht einmal zu verstehen, daß aus dem Haß gegen die ehemaligen österreichischen Besatzer – der größte Teil der Italiener hat nie einen Österreicher vor Augen gehabt – keine Nation entstehen kann. Das ahnungslose Volk äfft nun die Allmachtträume des verantwortungslosen, größenwahnsinnigen Dichters nach. Die Tragweite des Schadens, den er während der Zugfahrt anrichtet, kann er nicht voraussehen. Er ist ja selbst eine Nachahmung.

Wer jetzt für d'Annunzios Lebensunterhalt aufkommt, ist unklar. Gewiß rechnet er mit der Unterstützung der neuen kriegsfreundlichen italienischen Regierung. Doch viele behaupten bis heute, daß er vom französischen »Deuxième Bureau« bezahlt wird. Der Vorwurf ist zwar plausibel, aber er bleibt unbewiesen. »Es lebe Frankreich!« ruft der gerade aus Frankreich zurückgekehrte Dichter. In zehn Tagen ist ihm Unvorstellbares gelungen, er ist ein nationaler Held geworden. Und das Volk wiederholt inbrünstig: »Es lebe Frankreich!«

Endlich kommt der Zug in Rom an. D'Annunzio hört nicht auf, seine Tiraden zu wiederholen.

Am 17. Mai wendet er sich zum dritten Mal an das römische Volk, das am vorherigen Tag auf den Straßen der neuen Hauptstadt für den Krieg demonstriert hat. Um ihren Volkshelden zu hören, ist auf dem Kapitol, vor dem römischen Rathaus, eine unübersehbare Menschenmenge erschienen. Die Zeit der Massenkundgebungen unseres Jahrhunderts beginnt in Italien.

»Römer«, setzt d'Annunzio an. Damit meint er weniger die Bevölkerung der provinziellen, bigotten päpstlichen Stadt als die Bürger des Alten Rom. Er lobt die Ordnung, mit der sie am vorigen Tag marschiert sind. Er vergleicht die Disziplin und Würde der Demonstranten mit der der Teilnehmer an den Triumphzügen der Antike. Jede Straße, auf der sie einen Tag gegangen seien, sei durch ihre edlen Schritte zu einer »Via Sacra« geworden. Er segnet die römischen Mütter, die ihre Kinder schweigend hochgehalten haben. Dadurch hätten jene Mütter in den Augen des neugebackenen Tribuns verstanden, daß es eine größere Liebe gibt als die mütterliche: die Liebe zur Nation. »Es lebe die Armee!« spornt der Dichter sie an zu rufen. D'Annunzio weiß bereits, daß der Eintritt Italiens in den Krieg beschlossene Sache ist. Er ist bei seiner Ankunft vom neuen Ministerpräsidenten empfangen worden. Aber er bleibt seinem demagogischen Auftrag treu. Er sagt es den Massen nicht, sondern mahnt sie, Wache zu halten, denn die Verräter seien noch am Werk, die Lakaien der Deutschen noch nicht endgültig geschlagen. Am 20. Mai wird das Parlament den Sieg der Volksmassen besiegeln. Dieser Sieg ist die Ehre, in den Krieg zu ziehen. Er nimmt den König vor dem Vorwurf in Schutz, ein Komplize des deutschen Kanzlers Bülow gewesen zu sein. Der König wird den Dichter zum Dank am nächsten Tag feierlich empfangen. Und wieder spricht d'Annunzio auf dem Kapitol und erinnert die Versammelten daran, daß jeder Eroberungszug, jede Ausdehnung der römischen Macht von diesem Platz, auf dem er steht, ausgegangen sei. »Es lebe unser Krieg!« ruft er. Jeder einzelne in der Menge kommt sich wie ein Soldat der siegreichen römischen Legionen vor. Wie ein Mann antwortet das Volk ekstatisch: »Es lebe unser Krieg!« Schließlich küßt der Dichter vor der Menge das Schwert des Helden Nino Bixio, Garibaldis zweitem Mann. Die Versammelten seien das einzig wahre Parlament Italiens. »Krieg!« »Krieg!« ruft die Menge d'Annunzio zu.

Am 23. Mai erklärt Italien Österreich den Krieg. Trotz seiner 52 Jahren meldet sich d'Annunzio als Freiwilliger. Er wird Leutnant der Kavallerie. Dem Generalstab leuchtet ein, wie sehr sich der Dichter für die psychologische Führung der Soldaten eignet, man setzt ihn als Redner ein. Fortan bewegt er sich unter den Truppen. Aber er lebt in Venedig. Seine »Casa Rossa« am Canal Grande wird immer noch als d'Annunzios rotes Haus gepriesen. Der Dichter hat es vom Fürsten Hohenlohe, der nach Lugano hatte fliehen müssen, gemietet. Die Miete wird er freilich nie zahlen. In der Lagunenstadt läßt er sich als »Commandante« feiern. Die Frauen liegen ihm zu Füßen. Er veranstaltet Feste und Konzerte. Er wird kokainsüchtig. Auch an der Front sind seine Zimmer mit rotem Brokat tapeziert. »Ich habe mir eine Art Alkoven eingerichtet«, schreibt er an seine neue Freundin, die reiche venezianische Jüdin Olga Levi, »um in Purpur zu schlafen, in der schönen Farbe des Blutes.«

D'Annunzio hat vor dem Krieg das Fliegen gelernt. Jetzt will er an der Luftschlacht teilnehmen. Trotz seines Alters bekommt er die Erlaubnis. Aber er schießt nicht, er wirft auch kaum eine Bombe, er wirft Flugblätter ab. Seine Propagandamissionen erregen großes Aufsehen. Er ist ein genialer Werbemann. Es wird bis heute behauptet, daß er den Namen für die wichtigste Kaufhauskette Italiens erfunden hat: »La Rinascente«, die Wiedergeborene. Er fliegt über Triest und verspricht den Bürgern der besetzten Stadt ihre baldige Befreiung. Österreich setzt eine Belohnung von 20 000 Kronen aus. Der Dichter mokiert sich mit weiteren Flugblättern, die er auf österreichische Kriegsschiffe herunterflattern läßt. Darin steht kein Wort über

Italien oder den Sieg, nur von d'Annunzio ist die Rede. Die ganze Welt spricht von ihm. Zum großen Teil sorgt er selbst dafür, daß niemandem seine Heldentaten entgehen. Er schreibt lange Berichte über seine kühnen Propagandaflüge im »Corriere della Sera«. Am 9. August 1918 wirft er Flugblätter über Wien ab. Es ist eine tollkühne Mission. »Viva l'Italia!« Die Wirkung ist ungeheuer. Die Wiener fühlen sich auch in ihrem Hinterland bedroht.

Im Oktober 1918 bricht bei der Schlacht von Vittorio Veneto die österreichische Armee zusammen. Am 3. November endet der Krieg.

Aber d'Annunzio ist unzufrieden. Sein Traum von Groß-Italien wird bei den Verhandlungen von Versailles torpediert werden. Was Grenzänderungen anbelangt, besteht Präsident Wilson auf dem Selbstbestimmungsrecht der Völker. Der Dichtersoldat findet sich nicht damit ab, daß Italien um die Adriaküste gebracht wird. Er schreibt in den Zeitungen, er verfaßt den »Brief an die Dalmatiner«, ein imperialistisches Manifest.

Ein Teil des italienischen Heeres ist nicht demobilisiert worden. Unter ihnen gibt es eine Gruppe, die sich durchaus d'annunzianisch »Arditi« nennt. Das Wort steht für tapfer, männlich, sexuell kräftig, anarchistisch, heiter tollkühn. Ihr Lied ist die »Giovinezza«, die künftige faschistische Hymne. Die »Arditi« werden später zum harten Kern der »Squadristi« werden, die faschistischen SA-Truppen. Sieben Grenadierleutnants aus Sardinien, die in Ronchi, in der Nähe von Triest sind, schreiben an d'Annunzio: »Wir haben geschworen, entweder Fiume oder den Tod. Und was macht Ihr für Fiume?« Fiume an der Adria, das heutige Rijeka, gehört nicht zu Italiens Gebietsansprüchen in Versailles. 1915, im Abkommen von London, ist Fiume nicht einmal Diskussionsgegenstand gewesen. Nur knapp die Hälfte der Hafenstadteinwohner ist italienischer Herkunft. Am 12. September 1919 setzt sich der fieberkranke Gabriele d'Annunzio an die Spitze eines Heereszuges von 300 Mann. Ihr Ziel ist die Eroberung von Fiume. Andere Armee-Einheiten und Panzer stoßen hinzu. Wenige Tage danach marschieren sie, ohne einen Schuß abgefeuert zu haben, ein. D'Annunzio wird Gouverneur von Fiume. Er ist der neue Garibaldi. Er will mit Hilfe Mussolinis eine Fiume-Liga bilden, die später sich bis zur Türkei erstrecken sollte. Am 12. November 1920 wird das Abkommen von Rapallo unterzeichnet. D'Annunzio soll Fiume räumen. Er weigert sich. Mussolini schickt das Schlachtschiff »Andrea Doria«, das am 26. Dezember auf d'Annunzios Regierungspalast schießt. Der Dichter kehrt nach Venedig in sein rotes Haus zurück. Seine politischen Träume sind zusammengebrochen, seine »Arditi«, die bei den Aufmärschen in Fiume einen Totenkopf an der Hemdbrust trugen, sind zu den Faschisten übergegangen und trainieren für den Staatsterror.

Wieder ist er nur ein Dichter. Er ist allein. Es kommen düstere Zeiten. D'Annunzios Traum von Groß-Italien hat der Diktator Mussolini übernommen.

II Kurzer Exkurs über den tauben Dichter

Auf die Frage, ob eine Schrift die Welt bessern könne, soll einmal ein alter Meister dem fragenden Schüler geantwortet haben: »Bessern? Das weiß ich nicht. Auf jeden Fall kann aber eine Schrift die Welt schlechter machen.«

Die Bedeutung dieser Antwort ist nicht so geheimnisvoll, wie sie auf Anhieb erscheinen mag. Der alte Meister war kein Zyniker und auch nicht notwendigerweise ein Skeptiker. Er wußte, daß das ethische Empfinden in uns nur eine schwache, eine leise Stimme hat. Sie ist beharrlich, und es ist unmöglich, diese Stimme auf eine lange Strecke hin zum Schweigen zu bringen. Der Beweis für ihre Zähigkeit liegt darin, daß wir Menschen es geschafft haben, trotz der unaufhörlichen Verheerung, trotz des anscheinend immer wachsenden Unheils, als Gattung zu überleben.

Das wissen wir alle. Also sind wir mit einem Gemeinplatz konfrontiert. Der alte Meister brachte aber auch zum Ausdruck, daß die Weltverbesserer, die ein Buch schreiben, nicht erwarten dürfen, ihre

Lehren verstanden und verwirklicht zu sehen. Er mahnt sie zur Bescheidenheit. »Jede Grenze, die der Mensch entfernt«, sagt Heinrich Heine, »kostet Ströme von Blut.« Auch das weiß ein Volk. Völker sind großzügig. Solange es genug hat, was sich zu verlieren lohnt, wird kein Volk um die Entfernung einer Grenze kämpfen. Die Grenze ist eine Mauer. Der Kampf wird nur beginnen, wenn auch im Rükken dieses Volkes eine Mauer steht.

Auch das weiß jeder. Außerdem ist die Weisheit der Meister bekanntlich eine Alterserscheinung. Die Weisheit ist nichts anderes als eine Krankheit, an der die alten Menschen leiden. Und auch gewisse Dichter. Alte Menschen und Dichter haben eine Vorliebe für Gemeinplätze.

Daß es Schriften gegeben hat, die die Welt schlechter machten, ist gewiß. Aber trifft das auch auf die Schriften der Dichter zu? Im Gegensatz zu den Philosophen finden sich die Dichter gewöhnlich damit ab, daß »die letzten Fragen« uns immer verborgen bleiben werden. Der Dichter ist ein Jäger in der Nacht. Er tastet sich im Dunkel vor, er lauert auf die Geräusche der unsichtbaren Beute, um sie aufzuspüren. Wenn er sie gefangen hat, muß er die Beute auch in der Finsternis häuten.

Die Beute, die der Dichter aufzuspüren versucht, ist die Stimme seines Zeitalters. Wenn er schwerhörig ist, hört er nur die Geräusche der ungeheueren und unerklärlichen Willkür, die bodenlose Grausamkeit unserer dunklen Welt. Vergewaltigung, Folter und Mord werden laut. Aber sie decken nicht die Schreie oder die Tränen der Opfer zu. Der taube Dichter berichtet, was er auf dem nächtlichen Jagdfeld hört. Die leiseren Töne entgehen ihm. Vielleicht erwähnt er sie deswegen in seinem Bericht nicht. Das ist nicht weiter schlimm. Daß ihre Anhänger sich nicht darauf beschränken, die gehäutete Beute zu betrachten, sondern sich einbilden, ihr Blut zu saugen, die Beute des tauben Dichters selbst aufzufressen, ist nicht verwunderlich. Lust und Gewalt sind anziehend. Die tauben Dichter sind eine Massenerscheinung, aber sie machen die Welt nicht schlechter. Sie bleiben weitgehend harmlos. Gefährlich wird der taube Dichter, wenn er das Unheil, das er vernimmt, verkennt und sich entschließt, es in seinem Bericht gutzuheißen. Denn dann bejubelt er den Schinder, preist den Folterer, besingt den Mörder, als sei er der Übermensch.

Wer erniedrigt und beleidigt ist, ist für die Saat dieser tauben Dichter ein fruchtbarer Boden. Das Elend und die Verzweiflung haben aus jedem Gesicht in der Menge einen Fremden gemacht. Dieser Fremde lebt in der Finsternis, im Exil. Er ist entwurzelt; er sehnt sich nach Zusammengehörigkeit. Er weiß, daß es für seinen elenden Zustand einen Schuldigen geben muß.

Der taube Dichter spürt das Verlangen der entfremdeten Masse auf eine Verheißung, die der

Angst in der Dunkelheit ein Ende setzt. Der taube Jäger ist selber einsam und kennt die Panik gut. Er ahmt die Geräusche seiner Zeit nach. Er vergrößert sie. Er braucht die Zustimmung. Und endlich findet er den Weg, um aus jedem Geschändeten, aus jedem Gefolterten, aus jedem hundertfach Ermordeten, einen Schinder, Folterer, Mörder zu machen. Der taube Dichter findet für die entfremdete Masse einen gemeinsamen Feind. Die neuen Übermenschen liegen dem tauben Dichter zu Füßen. Sie merken nicht, daß er sie in die Selbstzerstörung lockt. Und der Dichter nimmt die Liebe der plötzlichen Übermenschen an.

Ich kenne keinen tauberen Dichter als Gabriele d'Annunzio.

III Kurzer Exkurs über die neue Lage und die alte Gefahr

Heute erlebt Italien wie viele andere Länder Europas eine Geschichtsperiode, die voller Abgründe ist. Einerseits ist nicht zu leugnen, daß die Eingliederung des Landes in das große Europäische Haus eine konkrete Perspektive ist. Andererseits bedroht auch Italien das Gespenst des Separatismus. Möglicherweise könnten diese Zerfallserscheinungen durch die Aufhebung der europäischen Grenzen überwunden werden. Ein Neapolitaner hat wahrscheinlich mit einem Bayern mehr gemeinsam als mit einem Piemontesen. Im großen Land Europa gäbe es Raum für die verschiedenen nationalen Bestrebungen innerhalb des Vielvölkerstaates Italien. Aber das Land steckt in einer tiefen Krise. Die Massen befinden sich wieder auf der Suche nach einem Feind, der an ihrer Existenzangst schuldig ist. Der Haß des Norden auf den ärmeren Süden wächst. In Mailand oder in Verona machen Jugendliche Jagd auf »terroni« (die mit Erde besudelten), aber auch auf Nordafrikaner und Schwarze. Es häufen sich die Mordfälle.

Vor kurzem fand ein Exodus der Albaner statt. Die italienische Regierung zögerte nicht, diese etwa 20 000 Verzweifelten gnadenlos hinauszuwerfen. Die Flucht der Albaner war nicht politischer Natur. Sie hatten kein Recht auf Asyl. Der Grund für ihre italienische Reise war der Wohlstand, den die Flüchtlinge jahrelang und jeden Abend im Fernsehen gesehen hatten. Albanien ist klein. Die Flucht hielt sich in Grenzen. Was würde aber passieren, wenn die Nordafrikaner oder die Völker aus Schwarzafrika massenhaft beschlössen, mit Booten das Mittelmeer zu überqueren, um im reichen Italien Wohnung und Arbeit zu suchen? Wird Italien dann zum Vorposten einer neuen Festung Europa? Der Gedanke, daß die Flucht der Albaner wahrscheinlich nur ein Vorgeschmack auf eine künftige Völkerwanderung gewesen sein könnte, beunruhigt gewiß nicht nur die italienische Bevölkerung.

Das neue Gespenst birgt auch die Gefahr eines neuen d'Annunzio. Es drängt sich die Frage auf, warum ein solche Erscheinung nur schwer in einem anderen europäischen Land zu denken ist. Schließlich spürte in Europa nicht nur Gabriele d'Annunzio die Begeisterung für den Ersten Weltkrieg. Auch Thomas Mann, Freud und Beckmann fühlten sich vom großen Völkerkampf angezogen. Sie haben Schriften hinterlassen, die ihre Freude über die anfänglichen Siege des deutschen Heeres beweisen. Was das Phänomen eines Schriftstellers, der die Rolle eines Volkshetzers übernimmt, in Italien wahrscheinlicher macht als etwa in Deutschland, ist die besondere gesellschaftliche Position des Intellektuellen in Italien. In Deutschland haben die Schriftsteller höchstens den Status eines Studienrats. Zwar darf ein Günter Grass tagein tagaus in der Zeitung oder im Fernsehen zu allen Fragen der Zeit erschöpfend seine Meinung äußern, aber die deutsche Gesellschaft nimmt ihre Schriftsteller nicht ernst. Der Grund dafür liegt vielleicht in der Entwicklung des Schriftstellerberufes in den Zeiten der deutschen Kleinstaaterei. Die deutschen Dichter sind weitgehend eine provinzielle Erscheinung. Demgegenüber gehören die Dichter Italiens paradoxerweise, vermutlich eben weil das Land noch provinzieller ist, also strukturloser, und weil es immer noch aufs Ausland blickt, geschichtlich zur hohen meinungsmachenden Schicht. Die Künstler sind in Rom oder Mailand mit den Ministern, Würdenträgern und Großunternehmern befreundet. Da die Institutionen des italienischen Staates durch Inkompetenz und Korruption zunehmend an Ansehen und Glaubwürdigkeit verlieren, werden die Stellungnahmen der Schriftsteller, sei es in den Zeitungen oder im Fernsehen, unvergleichlich ernst genommen. Die ethische Verirrung eines italienischen Dichters könnte vielleicht deswegen wieder wie einmal d'Annunzio schwerwiegende und verheerende gesellschaftliche Folgen haben.

IV Die Marionette

Nach dem Krieg schreibt d'Annunzio kaum. Mit drei Frauen lebt er im »Vittoriale degli Italiani«, einer Villa am Gardasee, die einem deutschen Adligen gehörte, und die der Duce auf Staatskosten für den Dichter zu einem faschistischen Mausoleum ausbauen ließ.

»Schreib mir Briefe über die Kunst«, sagt Mussolini zu ihm, »aber nicht über die Politik«. D'Annunzio läßt sich zum Herzog von Montenevoso adeln. Der Staat läßt sein Gesamtwerk drucken. Die Kosten betragen sechs Milliarden Lire der damaligen Zeit. Abends besorgen ihm seine drei Frauen junge Bauernmädchen aus der Gegend. Sonst liegt er tagelang im Bett, berauscht von Kokain oder Morphium. Der Dichtersoldat zieht sich nur selten an. Wie ein Gespenst seiner selbst wandelt er durch die menschenleeren Hallen seines Palastes, die vollgestopft sind mit bric à brac, Zeugnissen aus »Roma Bizantina« und militärischen Denkmälern seiner Heldentaten. »Mach aus dir eine Insel«, wiederholt er seinen spärlichen Gästen. Es ist das einzige, was ihm in seinem Leben endgültig gelingt. Der »Comandante wurde im braunen Anzug von seinem Sessel auf das Bett getragen. Sein Kopf sank nach hinten, seine Arme hingen schlaff herab. Der Comandante, stellen Sie sich vor, der Comandante sah aus wie eine Marionette!« Der Bericht stammt von seinem Bibliothekar Antonio Bruners. Gestorben ist d'Annunzio am 1. März 1938 an dem kleinen Schreibtisch im Schreibzimmer, an dem er nur noch gelegentlich seine Mahlzeiten einnahm. Als die Nachricht von seinem Tod bekannt wurde, wunderten sich seine Landsleute. Sie dachten, Gabriele d'Annunzio sei bereits seit vielen Jahren tot.

Die Nation, die er 1915 nicht nur literarisch für die kriegerischen Massen erfunden hatte, bekam erst 1945 den Todesstoß. Das Italien, das aus den Trümmern des Zweiten Weltkrieges erstand, ist ein anderes, ein friedliches Land. Wenigstens vorläufig ist den italienischen Völkern der Feind abhanden gekommen.

GABRIELE D'ANNUNZIO

Geboren am 12. März 1863 in Pescara (Abruzzen).
Dichter, Politiker, Soldat, Demagoge.
Nach einem abgebrochenen Literaturstudium Mitarbeit an
verschiedenen Tageszeitungen, La Tribuna, Rom, und Il
Mattino, Neapel. 1889 erscheint der Roman des Fin de
siècle *Il Piacere* (Lust), 1892 der Roman *L'Innocente* (Der
Unschuldige), im selben Jahr auch bereits in französischer
Übersetzung, und die *Odi Navale* und *Elegie Romane*.
1895 lernt D'Annunzio Eleonora Duse kennen, die
berühmteste Schauspielerin ihrer Zeit, mit der er
zusammenlebt. 1897 beginnt er eine parlamentarische
Karriere, die im Jahre 1900 endet. *Il Fuco* (Feuer), der
Venedig-Duse-Roman erscheint, 1910 *Forse che si, forse che
no* (Vielleicht – Vielleicht auch nicht), der Roman des
Fliegens, der der futuristischen Ästhetik nahesteht. 1910
begibt er sich nach Frankreich ins freiwillige Exil, dort
erscheint u. a. *Le Martyre de Saint Sebastien*, mit der Musik
von Claude Debussy. Er kehrt erst 1915, nach Ausbruch
des Ersten Weltkrieges, nach Italien zurück; wird Flieger,
mehrfach ausgezeichnet, wirft in einer spektakulären
Aktion Flugblätter über Wien ab (Beffa di Buccari, 9.
August 1918); durch eine Verwundung verliert er ein Auge,
schreibt *Notturno*, Gedanken zur Blindheit und
Dunkelheit, das erst 1921 zum Druck freigegeben wird.
Am 12. September 1919 erobert er mit seinen Freischaren
Fiume und nimmt mit den „Balkonreden" die
choreographische Massenästhetik des Faschismus und der
Nationalsozialisten voraus. 1924 als Prinz von
Montenevoso in den Adelsstand erhoben. Zieht sich an den
Gardasee zurück, wo ihn Mussolini in der Villa *Il Vittoriale*
mehrfach besucht. 1935 erscheint letzte Prosa, 1936 wird

die Nationalausgabe seiner Werke in 49 Bänden veröffentlicht, 1937 wird er Präsident der Italienischen Akademie.

Am 1. März 1938 stirbt D'Annunzio. Il Vittoriale mit allen Sammlungen und Kunstschätzen hatte er dem italienischen Volk vermacht.

GASTON SALVATORE

Geboren 1941 in Valparaíso, Chile.
Deutscher Schriftsteller und Dramatiker.
Nach dem Studium der Rechtswissenschaften geht
Salvatore 1965 nach Berlin, studiert Soziologie und Politik
und engagiert sich in der Studentenbewegung. Aufenthalt
in Italien und Zusammenarbeit mit dem Regisseur
Michelangelo Antonioni und mit Hans Werner Henze, der
Salvatores Gedichtband von 1971, *Der langwierige Weg in
die Wohnung der Natascha Ungeheuer* vertont.

Werke u. a. *Der Mann mit der Pauke: Wolfgang Neuss*,
1974; *Waldemar Müller*, 1982; Dramen: *Büchners Tod*,
1971; *Freibrief*, 1977; *Tauroggen*, 1978; *Der Kaiser von
China*, 1979; *Stalin*, 1985 (in mehrere Sprachen übersetzt);
Lektionen der Finsternis, 1989; *King Kongo*, 1991; *Hess*,
1992.
Zusammen mit Hans Magnus Enzensberger gründet er
1979 die Zeitschrift *Transatlantik*.
1973 erhält er den Gerhart-Hauptmann-Preis, 1990 den
Kleist-Preis (in Dresden).
Gaston Salvatore lebt in Venedig.

IMPRESSUM

Die Rede von Gabriele D'Annunzio erscheint mit
freundlicher Genehmigung von Arnoldo
Mondadori Editore.
Aus: »Prose di ricerca – Vol. I« by Gabriele
D'Annunzio.
© 1947 Arnoldo Mondadori Editore, Milano.
Die Übersetzung ist von Judith Elze

Die Deutsche Bibliothek – CIP-Einheitsaufnahme
D'Annunzio, Gabriele:
Rede von der Tribüne des Kapitols am 17. Mai 1915 /
Gabriele D'Annunzio. Mit einem Essay von
Gaston Salvatore. [Aus dem Ital. übers. von Judith
Elze]. – Hamburg : Europ. Verl.-Anst., 1992
(Reden) Enth. außerdem: D'Annunzio / Gaston Salvatore

ISBN 3-434-50103-7

NE: Salvatore, Gaston: D'Annunzio

© 1992 by Europäische Verlagsanstalt, Hamburg

Gestaltung: MetaDesign, Berlin
Signet: Dorothee Wallner nach Caspar Neher
»Europa« (1945)
Herstellung: DIE HERSTELLUNG, Stuttgart
Satz: Utesch Satztechnik GmbH, Hamburg
Druck und Bindung: Wilhelm Röck, Weinsberg

Printed in Germany